W0011658

camino.
gemeinsam auf dem Weg

Petra Fietzek

In der Stille des Morgens

Inspirationen für den Tag

camino.

Inhalt

I
Vom hörenden Herzen

II
Vom brennenden Herzen

III

Von verweilender Gelassenheit

IV

Vom lebendigen Geheimnis

Vorwort

Eine Einladung

In die Stille des Morgens
Gedanken über Gott gesät,
ins Bad, in die Küche,
ins Fahrerhaus des LKWs,
ins Krankenzimmer.

Aufstörend, aufmunternd,
aufregend, aufbrechend.

Gottsuche
im noch jungen Tag,
im Dämmerlicht.

Gottgeheimnis auf der Spur
für Sie, für mich.
Tastend, wagend.

Morgen für Morgen
Mosaikstücke innen.

Petra Fietzek

I

VOM HÖRENDEN HERZEN

Innerlich lauschen

Es war an einem warmen Sommertag, als ich einen Bücherflohmarkt besuchte. Bücher aller Sorten und Größen lagen auf Tapeziertischen, luden zum Stöbern ein. Am Wegrand gab es Wühlkartons, in denen Bücher völlig ungeordnet und ziemlich zerlesen durcheinanderflogen. In einem Wühlkarton entdeckte ich ein Taschenbuch, dessen Titel mich lockte. Es hieß *Zeichen am Weg*.

Ich setzte mich auf einen Baumstumpf in der Wiese und begann zu lesen. Ich las von einem Menschen, der sich auf die Suche nach Gott begeben hatte. Nach außen war er ein diplomatischer Politiker, stand als UN-Generalsekretär im Rampenlicht der Öffentlichkeit. Was niemand wusste, war sein inneres Ringen um eine persönliche Beziehung zu Gott. Das war seine stille Seite, seine geheime und einsame Seite. Davon hat der schwedische Politiker Dag Hammarskjöld in seinem Tagebuch geschrieben.

Nach seinem Tod bei einem Flugzeugabsturz in Afrika fand ein Freund einen undatierten Brief, in dem Hammarskjöld seine religiösen Notizen in die Hände dieses Freundes legte. *Wenn du findest, dass sie verdienen, gedruckt zu werden, so gib sie heraus,* stand in diesem

Brief. Und der Freund entschloss sich, das Tagebuch zu veröffentlichen. Nun hielt ich die deutsche Übersetzung in meinen Händen: *Zeichen am Weg*. Beim Lesen wurde mir schnell klar, dass es genau darum in den Gedichten, Gedanken und Gebeten geht: um Zeichen im Alltag, die für Hammarskjöld nicht banale Zufälligkeiten waren, sondern in Verbindung zum lebendigen Gott standen.

Dag Hammarskjöld war ein fragender Mensch. Ein suchender Mensch. Ihm genügten nicht die Antworten, die das Leben im Fortschritts- und Konsumdenken bereithält. Dag Hammarskjöld forschte tiefer. Er las in der Bibel, in geistlichen Büchern, orientierte sich an Jesus, stellte seinen Alltag, sein politisches Handeln unter Gottes Führung. In einem seiner Texte fand ich die Erkenntnis: *Gott braucht deinen Einsatz für seine Welt.*

Ich stand auf, verstaute das Büchlein in meiner Tasche. Irgendwie spürte ich, dass es ein Zeichen auf meinem Weg für mich sein könnte. Zuhause vertiefte ich mich weiter hinein. Ich las, dass sich Hammarskjöld fast jeden Tag eine Aus-Zeit für Gott nahm, und wenn es nur ein paar Minuten waren. In dieser Zeit vertraute er Gott seinen Alltag an, suchte die Stille, um auf Gott hören zu können. *Innerlich lauschen* nannte er diese Haltung.

Dag Hammarskjöld ist seinen eigenen inneren Weg gegangen. Dieser Weg stärkte ihn und gab ihm festen Boden in seinem mutigen Einsatz für Frieden auf der Welt.

*Wer sich Gott überlassen hat, der steht den Menschen
frei gegenüber,* notierte er in seinem Tagebuch und gibt
uns folgendes Gebet heute mit auf den Weg:

Gott,
möge sich alles in mir zu Deiner Ehre wenden
und möge ich nie verzweifeln.
Denn ich bin unter Deiner Hand,
und alle Kraft und Liebe sind in Dir.

*

Summende Stille

In der Burchardi-Kirche in Halberstadt hören Sie derzeit
einen leisen Orgelklang. Er besteht aus fünf Tönen und
dauert an. Er dauert und dauert und Sie beginnen ungeduldig, auf eine Veränderung des Akkords zu warten.
Doch der Fünfklang bleibt, füllt unablässig den Raum.
Auf einen neuen Klang müssen Sie bis zum 20. Oktober
2020 warten. Dann werden die Töne mechanisch im Or-
gelwerk in neue Töne überführt. Dann sind Tausende Besucher aus aller Welt zugegen, im Gebäudeinneren und
auf dem Vorplatz. Dann erfüllt brausender Applaus die
sonst so stille, ehemalige Klosterkirche.

Mit dieser eigenwilligen Komposition des amerikanischen Musikers John Cage lädt die Burchardi-Kirche seit über zehn Jahren in ein Experiment ein. Dort wird ein Musikstück aufgeführt, das 639 Jahre lang dauert. *Das ist doch verrückt*, werden Sie denken. Ja, das ist es auch. Diese Aufführung verrückt unsere Gewohnheiten, Töne mehr oder weniger rasch hintereinander zu hören. Diese Komposition hingegen lädt dazu ein, aus aller Schnelligkeit und allem Perfektionismus auszusteigen.

John Cage gab seinem Werk die Tempovorschrift »As slow and soft as possible«, so langsam und sanft wie möglich. Damit strahlt diese Komposition Ruhe und Friedlichkeit aus. Unaufgeregtheit und Gelassenheit. Das war John Cage wichtig. Er wollte mitten in unserer geräuschvollen, zielgerichteten Zeit ein Gegenprogramm anbieten.

John Cages Idee entspringt seinem Humor, seiner Kreativität, aber auch seinem Gottesbezug. Cage war nicht nur Klangforscher, sondern verstand sich auch als suchenden Pilger, der sich mit Fragen aller Religionen auseinandersetzte. Im Erleben vom einfachen Klang, von summender Stille entdeckte er eine Möglichkeit, das menschliche Herz für Gott zu öffnen.

Wenn ich an Jesus denke, so war auch für ihn damals das Verweilen in Stille, in Unaufgeregtheit und Friedlichkeit kostbar. Immer wieder wird in den Evangelien berichtet, dass sich Jesus allein zurückzog: frühmorgens, tagsüber oder ganze Nächte hindurch. Aus vielstimmigen Menschenansammlungen heraus zog es ihn in die Eintönigkeit der Wüste, in die Berge, in Gärten. Manchmal musste er sich diese Freiräume regelrecht erkämpfen. Dann hatten sich Menschen an seine Fersen geheftet und folgten ihm überall hin. Oder seine Jünger drängten ihn, sofort diesen oder jenen Menschen aufzusuchen.

Jesus wusste jedoch von der Notwendigkeit, sich in die Stille zurückzuziehen. An diesen ruhigen Orten konnte er bei sich sein. Es waren für ihn Plätze der Sammlung und des Gebets. Dort konnte er sein Herz für Gott öffnen und von Gott her Kraft tanken, um sich wieder Menschen zuzuwenden.

Die Burchardi-Kirche hat feste Öffnungszeiten. Oft holen sich aber auch Besucher den Schlüssel. Sie wollen im leeren Kirchenraum verweilen, umhüllt vom leisen Orgelklang. Einfach so – vielleicht mit geöffnetem Herzen für Gott.

*

Zauberwort

Die Epoche der deutschen Romantik war von Gegensätzen geprägt. Für die Menschen um 1800 war der klare Verstand ebenso bedeutsam wie das geheimnisvolle Unbewusste. Die Künste ergänzten einander. Ging es doch vielen Künstlerinnen und Künstlern darum, deutende Schlüssel für tieferliegende Schichten des Daseins zu entdecken. Aus dieser Sehnsucht heraus schrieb einer der bedeutendsten Dichter der deutschen Romantik, Joseph Freiherr von Eichendorff, das folgende Gedicht:

> *Schläft ein Lied in allen Dingen,*
> *die da träumen fort und fort,*
> *und die Welt hebt an zu singen,*
> *triffst du nur das Zauberwort.*

In diesen Zeilen wendet sich der Dichter direkt an seine Leserinnen und Leser. Er fordert auf, nach dem Zauberwort zu suchen, das die Welt über ihr tägliches Einerlei hinaus weitet und ihre Bestimmung offenbart.

In vielen Texten, Bildern und in der Musik der Romantik schwingt das Motiv der Sehnsucht mit: Sehnsucht, die sich in weiten Hügellandschaften, tiefen Wäldern, unendlichem Meeresblick oder dem Symbol der »Blauen Blume« widerspiegelt. Sehnsucht, die über die irdische

Begrenztheit hinausweist und das Leben transzendiert. So steht auch der Begriff vom magischen Zauberwort als Ausdruck der sehnsuchtsvollen Suche nach Lebenssinn.

In der Bibel wird dieses »Zauberwort« auf einzigartige Weise lebendig. In zahlreichen Texten des Alten Testaments wird berichtet, dass ein Wort als ewiges Wort Gottes vor der Entstehung der Welt existierte. Es wurde zur Welt gesandt, um von Gott zu künden, und kehrt zu Gott zurück, wenn seine Aufgabe auf Erden erfüllt ist. Im Neuen Testament überträgt der Evangelist Johannes dieses göttliche Urwort auf Jesus Christus. So lautet der Beginn des Johannesevangeliums:

Im Anfang war das Wort, und das Wort war bei Gott, und Gott war das Wort.

Wenig später heißt es:

Und das Wort ist Fleisch geworden und hat unter uns gewohnt.

Durch die leibliche Geburt Gottes in unsere Welt hinein hat dieses göttliche Urwort Hand und Fuß, Gestalt und Gesicht bekommen. Wir können in den Texten des Neuen Testaments lesen, mit welch sorgsamer Liebe sich der Gott Jesu Christi unserer Welt und jedem einzelnen Menschen zuwendet. Durch Wort und Wirken Jesu haben wir konkrete Zeichen für den tieferen Sinn der Schöpfung und unseres eigenen Lebens erhalten.

Der hebräische Name *Jesus* bedeutet: *JAHWE rettet,* Gott rettet. Diese Zusage verspricht, dass unser Leben sich nicht in Sinnlosigkeit und Vergänglichkeit verliert. Vielmehr können wir durch Jesu Worte und Verhalten Schlüssel erhalten, um in eine persönliche Beziehung zu Gott zu kommen. Nicht durch magische Zauberformeln, sondern indem wir Gott unser Leben anvertrauen und es mit Ihm gemeinsam leben. Dann kann das göttliche Urwort Jesus unsere engen Herzen und unseren begrenzten Verstand weiten und uns immer mehr in die Fülle unseres Lebens führen. Ja, es kann selbst in die tiefste Finsternis hineinleuchten und uns mit kraftvoller Lebendigkeit begleiten.

Unser Alltag in der westlichen Welt ist voller Zauberwörter, die uns Glück, Erfolg und Sinndeutung unseres Lebens versprechen. Sie überfluten uns aus Medien, von Plakatwänden und aus Schaufenstern.

Das Wort Gottes hingegen ist unaufdringlich und überhörbar. Der auferstandene Christus hat uns zugesagt: *Ich bin bei euch alle Tage bis an der Welt Ende.* Vielleicht entdecken Sie dieses menschgewordene Wort Gottes persönlich für sich. Vielleicht gerade heute.

*

Hörendes Herz

Im Sommer des Jahres 2013 verbrachte ich einige Tage in der Eifel und besuchte dort an einem Abend ein Festival. Bei diesem Festival wurde Musik gemacht. Klassische Musik in einem Wasserkraftwerk. Musikerinnen und Musiker spielten mit Schwung und Freude und das Publikum war begeistert.

Besonders folgendes Stück habe ich in genauer Erinnerung: Fünf Frauen spielten ein Quintett für Klavier, zwei Geigen, eine Bratsche und ein Cello von Robert Schumann (Es-Dur op. 44). Immer wieder wurden Melodien von den Instrumenten aufgegriffen, wiederholt, einander zugespielt. Mal selbstbewusst, mal zögernd, fast nachdenklich. Es war ein Miteinander, bei dem die Musikerinnen genau auf die anderen hörten: das Klavier auf das Cello, das Cello auf eine Violine, alle zusammen auf das Klavier. Zugleich waren die Frauen aufmerksam auf ihr eigenes Instrument bezogen.

Eine von ihnen ist mir besonders aufgefallen. Sie war noch sehr jung, hatte wilde, dunkle Locken und lauschte auf ihr Cello mit großer Hingabe. An ihren Solostellen mit geschlossenen Augen. Lächelnd. Dann wieder nickte sie im Zusammenspiel der Violine zu, übernahm feinfühlig Töne der Bratsche. Und weil diese hin und her fließenden Energien so spürbar waren, ging mir dieses Musikstück besonders unter die Haut.

Hören auf andere und auf mich selbst. Daraus wächst gutes Leben. Gutes Leben, das etwas zum Klingen, zum Schwingen bringt, das sich Ausdruck verschaffen will. Um solch schöpferisches Hören geht es auch oft im Alten und Neuen Testament der Bibel. Vor allem um das Hören auf Gott. Die Propheten haben auf Gott gehört, die Psalmisten, Männer und Frauen zur Zeit Jesu und erst recht Jesus selbst.

Was hörten all die Menschen von Gott? Immer wieder hörten sie nur das Eine, nämlich Gottes Angebot: *Ich bin da!* Zwischen Kindergeschrei und Selbstzweifel, im Konkurrenzdenken, in Glück oder Einsamkeit. Immer wieder ließ Gott sie hören: *Ich bin da! Lebe dein Leben und vertraue mir!*

Aber wie konnten sie Gott hören? So unterschiedlich, wie Menschen unterschiedlich sind. Und so kreativ, wie nur Gott kreativ sein kann. Immer in ihr Herz hinein.

Als König Salomo vor fast 3000 Jahren gefragt wurde, was er sich in seinem Leben besonders wünsche, antwortete er: »ein hörendes Herz«. Mit diesem hörenden Herzen wollte er auf Gott aufmerksam sein. Er wusste, dass er dadurch genauer leben würde, achtsamer auf andere und auf sich selbst.

Lebendiger Gott,
auch ich will heute versuchen, mit hörendem
Herzen zu leben.

*

Achtsamsein

An den kommt man ja gar nicht dran, sagen Kolleginnen und Kollegen über Herrn Schulz. *Der ist ja sowas von zugeknöpft. Der dünkt sich wohl was Besseres.* Herr Schulz packt mittags seine Butterbrotdose aus. Er nimmt seine Mahlzeit nicht wie alle anderen in der Kantine, sondern an seinem Bürotisch ein. Herr Schulz trägt jeden Tag einen Anzug. Herr Schulz lacht nie und lächelt selten. Er lächelt vor allem dann, wenn die Tochter von Frau Weber zu Besuch kommt. Die mag er gerne. Die erinnert ihn an seine eigene kleine Tochter. Sie ist vor 20 Jahren verstorben, doch das weiß hier niemand. Herr Schulz hat sich seitdem verändert. Er lässt kaum jemanden an sich heran. Manchmal denkt er, dass sich sein Herz in all den Jahren verhärtet hat. Irgendwie zu Stein geworden ist.

Das gibt es. Da wird ein Mensch unerreichbar. Er kesselt sich ein in seine Lebensthemen und verengt seine Weltsicht wie in einem Tunnel. Niemand fragt, warum,

weil niemand hinter die Fassade des Gesichts, der Klei-
dung blicken will, blicken kann, blicken soll.

Manchmal denke ich, dass es mir mit Gott ähnlich
geht. Manchmal bin ich so verstrickt in meine eigene
körperliche und seelische Befindlichkeit, dass Gott keine
Chance hat, mich zu erreichen. Oder ich zergrübele mich
über Konflikte und Katastrophen dieser Welt.

In solchen Dunkelzeiten kann ich selten wie der Psal-
mist in Psalm 23 beten:

*Und ob ich schon wanderte im finsteren Tal, fürcht
ich kein Unheil.*

Nein, ich fürchte Unheil. Und ich spüre Gott nicht, wenn
ich nach Gott rufe. Oft erst im Nachhinein, erst auf der
Lichtung hinter dem finsteren Wald erkenne ich Gottes
hilfreiches, heilsames Wirken. Dann erst spüre ich, dass
Gott mich getragen hat durch die Felsschluchten und
über die Abhänge meines Lebens.

Manches Mal muss ich in solchen Situationen an eine
bildhafte Geschichte denken, die von diesem unaufdring-
lichen Helfen Gottes handelt:

Es ist Hochwasser und ein Mann rettet sich vor den stei-
genden Fluten auf das Dach seines Hauses. Da will ihm

ein Mann von einem Boot aus einen Schwimmring zu-
werfen.

»Nicht nötig«, ruft der Mann, »Gott wird mir helfen!«

Wenig später kommt wieder ein Boot vorbei und Menschen rufen: »Steig ein!«

»Nein!«, erwidert der Mann. »Nicht nötig! Gott wird
mir helfen.«

Das Wasser steigt und steigt und von einem Hub-
schrauber wird eine Strickleiter zu dem Mann herunter-
gelassen. »Halten Sie sich fest!«, ruft jemand, »wir ziehen
Sie hoch!«

»Nein«, ruft der Mann zurück, »Gott rettet mich!«

Schließlich ertrinkt der Mann und kommt zu Gott.

»Warum hast du mich nicht gerettet?«, fragt er Gott
vorwurfsvoll.

»Das habe ich versucht«, antwortet Gott, »aber du hast
dich nicht darauf eingelassen. Was hätte ich denn noch
tun sollen?«

In aktuellen Untersuchungen zum Glücklichsein ist häufig die Rede von Achtsamkeit. Achtsamkeit auf Neben-
sächliches, auf die Bedeutung stiller Gesten, auf die Botschaft zwischen den Zeilen. Solche Achtsamkeit mildert
ein verhärtetes Herz, weitet den Tunnelblick.

Guter Gott, diese Achtsamkeit will ich heute üben. Dieses Hören zwischen den Zeilen meines Alltags. Vielleicht kann ich Dein Wirken dann klarer erkennen, Dein lebendiges Dasein – gerade in Felsschluchten meines Lebens.

II

VOM BRENNENDEN HERZEN

Großzügig

Es bleibt immer ein wenig Duft in den Händen, die Rosen schenken, die sich großzügig zeigen, schrieb Dom Hélder Câmara. Lange Zeit war er Erzbischof in Brasilien gewesen und hatte seine Gedanken immer wieder in Kurztexten zusammengefasst.

Großzügig sein. Das ist nicht das kleinkarierte Eins-zu-eins-Denken. Großzügig sein. Das bedeutet ein Darüberhinaus. Über das Notwendige hinaus. Einen Tacken mehr als erwartet. Da beginnt großzügiges Schenken. Es hat mit Lebensfreude zu tun. Und es betrifft nicht nur Materielles.

Ich kenne einen Mann, der ein extremer Außenseiter ist. Er lebt in zwei Zelten und zieht in der Welt umher. Ich weiß nicht, wo er zurzeit unterwegs ist. Auf jedem Kontinent hinterlässt er ein selbstgeschnitztes Kunstwerk. Dieser Mann lebt mit Tieren. Mit der Natur. Mit Erwachsenen und Kindern, die ihn besuchen. Und er ist großzügig. Großzügig in seiner Art zu denken: von anderen Menschen, vom Sinn des Lebens, von Gott. Er schenkt jedem von dem Wenigen, das er besitzt, sei es von selbstgemachter Marmelade, von seinen Gedanken, von seiner Freundlichkeit.

Solch selbstverständliches Geben meint Dom Hélder Câmara in seinem Text über das Schenken. Er schreibt weiter:

Ein bisschen geben von dem, was man hat, dem,
der noch weniger besitzt, bereichert den Geber,
macht seine Seele schöner.

Als Befreiungstheologe hatte er dabei vor allem die notleidende Bevölkerung in Brasilien im Blick. Doch sein Text gilt zeitlos für alle Orte.

Fragen stellen sich ein:

Und wenn ich kaum etwas habe, das ich teilen kann?

Und wenn ich noch nicht einmal Geld habe, um Rosen zu kaufen?

Und wenn ich so krank bin, dass ich nur noch im Bett liege?

Mir fällt eine alte Frau ein, die ich vor vielen Jahren bei einem Besuch in einem Pflegeheim kennenlernte. Kennenlernen durfte, muss ich sagen. Ich hatte gehört, dass sie körperlich geschwächt nur noch im Bett liege. So erwartete ich ein Häuflein Elend, als wir das Zimmer betraten. Wie überrascht war ich jedoch über ihr freundliches, heiteres Gesicht. In unserem Gespräch sagte sie plötzlich zu mir: *Lange Zeit war es schwer für mich, hier nur noch im Bett zu liegen, aber das ist es nicht mehr.* Sie schwieg einen Moment und sagte dann leiser: *Ich kann noch lieben.*

Was für eine Reduktion des Lebens auf dieses Aushaltenmüssen, auf dieses stets auf die Hilfe anderer Angewiesensein. Was für eine Stärke, sich zu solch einer positiven Lebenshaltung durchzuringen: *Ich kann noch lieben.*

Als wir gehen wollten, bat uns die alte Frau, näher an ihr Bett zu kommen. Dann machte sie uns langsam ein Kreuzzeichen auf die Stirn und sagte: *Gott segne euch.*

Dom Hélder Câmara hätte sich sicherlich gefreut, wenn er dieser Frau begegnet wäre. Sie lebte den Gedanken, den er im Schlusssatz seines Textes über das Schenken schreibt:

Freude dem Nächsten zu geben, ist ein so einfaches Ding,
doch in den Augen Gottes die schönste aller Künste.

*

Neubeginn

Vor kurzem sprach ich mit einer Lehrerin, die in einem Gymnasium arbeitet. An dieser Schule ist es üblich, dass Schülerinnen und Schüler nach dem Abitur ihren Lehrern kleine Briefe schreiben. Diese Briefe stecken sie in Umschläge am Schwarzen Brett in der Pausenhalle. Jeder Lehrer, jede Lehrerin hat einen eigenen Umschlag. Auf diese Weise können die jungen Leute den Unterricht im Nachhinein kommentieren, sich persönlich bedanken, irgendetwas Nettes oder auch nicht Nettes schreiben.

Im Umschlag meiner Bekannten steckte in diesem Jahr ein Zettel, der sie stutzig machte. Darin ging eine Schülerin auf ein Gedicht von Hesse ein, das die Lehrerin ihrem Abiturkurs zum Abschied geschenkt hatte. Die letzten Verse lauteten: *Wohlan denn, Herz, nimm Abschied und gesunde!* Diese Verse fand die Schülerin völlig unpassend. Abschied nehmen war ja wohl angesagt, aber gesunden? Wovon denn?

In seinem Gedicht »Stufen« nimmt der Schriftsteller Hermann Hesse auf jene Abschiede Bezug, die einen Neubeginn ermöglichen: Abschiede auf der Schwelle von Zaungrenze und offenem Neuland, von gewohntem Alltagstrott und frischem Wind, von festgelegten Rollen und Weiterentwicklung. »Riskiere dich!«, ruft der Dichter mit seinem Gedicht, »Bleib nicht in bequemen Gewohnheiten stecken! Schon gar nicht in Vorurteilen oder Unterforderungen!«

Wohlan denn, Herz, nimm Abschied und gesunde!

Vielleicht war die vergangene Nacht für Sie lang. Deshalb lang, weil Sie nicht besonders gut geschlafen haben. Und weil in der Nacht die Gespenster des Grübelns und der Sorgen leichtes Spiel haben, zu verwirren und zu beunruhigen. Gut, dass nun Morgen ist und der Spuk blasser wird. Gut, dass jedes Ende einer Nacht Neubeginn ermöglicht, auch wenn die Schatten noch klebrig sind. Neubeginn, der manche Situation klarer sehen lässt und Chance zum Wandel mit sich bringt. Vielleicht gibt es heute völlig unerwartete Begegnungen, überraschend neue Ideen, Erlösung von alten Gedankenmustern.

Wohlan denn, Herz, nimm Abschied und gesunde!

Der Wechsel von Altem und Neuem, von »Stirb und Werde« findet sich überall in der Schöpfung, findet sich in allem, was lebt: Es gibt den Winterschlaf und die Krokusse, die Larve und den Schmetterling, Tod und Geburt immer neuer Sterne aus immer gleichem Sternenstaub. Ja, das sind unfassbare Abschiede, die unfassbare Neubeginne ermöglichen.

Davon handelt auch die Bibel im Alten und Neuen Testament. Immer wieder lädt der lebendige Schöpfergott darin zu Neubeginn und Wandel ein. Dynamisch und kreativ. Auch wenn eine Situation noch so ausweglos erscheint. Auch wenn ein Mensch denkt, sich niemals ändern zu können. In Bildern und Gleichnissen wird berichtet, dass Gott unermüdlich jedem Menschen seinen Beistand und seine Hilfe anbietet. Oft ganz anders, als es der Mensch erwartet hat.

Lebendiger Gott, ich will heute im Vertrauen auf Deine Gegenwart Neuland und Weiterentwicklung wagen.

Wohlan denn, Herz, nimm Abschied und gesunde!

*

Zu viel

Der Schriftsteller Bertolt Brecht stellt in seinen *Autobiografischen Aufzeichnungen* aus den Jahren 1920 bis 1954 sein eigenes Schlafzimmer vor. Er schreibt: *In meinem Schlafzimmer, das klein ist, habe ich zwei Tische stehen ... ein hölzernes altes Bett, das nicht länger ist* als ich, aber etwas breiter ... zwei chinesische Bettvor-leger und einen großen Manuskriptschrank mit Lein-wandzügen. Darauf habe ich einen Filmvorführungs-apparat, eine Projektionslampe und eine Heizsonne stehen sowie einen Gipsabguss meines Gesichtes. Der Schriftsteller erwähnt noch zwei Schränkchen mit Klei-dung sowie zwei Lampen. Seine Beschreibung endet mit dem Satz: *Das Zimmer und die meisten dieser Dinge gefallen mir, aber des Ganzen schäme ich mich, weil ...*

Ja, warum schämt sich Bertolt Brecht für sein Schlaf-zimmer? Um das zu verstehen, müssen Vergleiche gezo-gen werden. Schämt er sich, weil das Zimmer recht dürf-tig und kühl wirkt? Eher zusammengewürfelt zu sein scheint? Der Autor gibt einen völlig anderen Grund an. In seinem Text heißt es: ... *des Ganzen schäme ich mich, weil es zu viel ist.*

Bertolt Brecht war ein politisch denkender Mensch, der sich in seinen Werken, vor allem in seinen Theater-stücken, für soziale Gerechtigkeit und Solidarität mit Benachteiligten einsetzte. Von daher wird er sich beim Betrachten seines Schlafzimmers bewusst geworden sein, dass er Güter um sich gesammelt hatte, die nicht jedem Menschen zustanden. Er wird sich eingestanden haben, dass er mehr als das Nötigste besaß. Und das musste ihm als sensiblem Menschen gegen die eigenen Ansprüche gehen.

Dieser knappe Text stimmt mich nachdenklich. Nicht über die Ausstattung meines Schlafzimmers, sondern darüber, wo in meinem Leben ein Zuviel herrscht. Ein Zuviel, das mich wegführt von der Solidarität mit anderen Menschen, vom eigenen Wesentlichen.

Beim Nachdenken gerate ich in meinen inneren Bereich. Kann es sein, dass mein Überschüttetsein mit familiären und beruflichen Belangen mich von meinem eigenen Denken und Fühlen entfernt? Kann es sein, dass mein Kreisen um mich selbst in negativen Bahnen das Entdecken meiner eigenen, freien Identität blockiert? Ebenso das Zuviel an Informationen um mich herum?

All das kann auch Gott aus meinem Leben heraustreiben.

So weit, dass Gott ins Abseits gerät. Vergessen wird.

Was sollte mich auch an Gott erinnern?

Ein wohliges Gefühl aus Kindertagen?

Oder das Gegenteil: ein bedrückendes Gefühl aus Kindertagen?

Wenn ich mich wegen etwas schäme, ist mir etwas anderes sehr wichtig. So, wie es sich bei Bertolt Brecht zeigte. Er stellte das eigene Zuviel an materiellem Besitz in Frage aus Solidarität zu ärmeren Menschen. Wenn ich anfange, darüber nachzudenken, dass ich Gott in meinem Leben verloren habe, wird Gott für mich wichtig. Und ich erschrecke darüber, wie leicht es ist, Gott im Alltag zu vergessen.

Lebendiger Gott, ich glaube, dass Du jeden Menschen und so auch mich gut verstehst. Genau in der Banalität meines schönen, schweren Alltags. Und dass Du in Deiner Sehnsucht nach mir erleichtert bist, wenn ich Dich von all meinem Zuviel nicht verschütten lasse.

*

Zutrauen

In einem Kurs für Kreatives Schreiben, den ich bei 17–18-jährigen Schülerinnen und Schülern gehalten habe, fiel mir ein junger Mann auf. Er hatte ein Gedicht geschrieben, das aus spontanen Ideen und Bildern bestand. Leicht dahinfließend, doch mit starken Aussagen. Mit diesem Text hatte er seinen eigenen Stil entdeckt. Die Gedichte jedoch, die er in den folgenden Unterrichtsstunden verfasste, waren von seinem Verstand geprägt: logisch, aber unauffällig. Ich traute ihm mehr zu. Intuitives. Ungebremstes. An einem Morgen schickte ich ihn aus dem Klassenraum, sagte ihm, dass er irgendwo einen Text in seiner freien, eigenen Art schreiben solle und zwanzig Minuten Zeit habe. Nach nur fünf Minuten war er zurück und schwenkte ein neues Gedicht auf einem Zettel. Er hatte seinen Stil wiedergefunden, wirkte froh und überrascht, was in ihm steckt.

Die Bibel ist voller Geschichten, in denen Menschen zu ihren eigenen Möglichkeiten herausgefordert werden. Im Neuen Testament ist es vor allem Jesus, der innere und äußere Fähigkeiten weckt.

So geht er zum Beispiel an einem Festtag nach Jerusalem und trifft in den Säulenhallen beim Teich Betesda auf zahlreiche Kranke. Unter ihnen Blinde, Lahme und Verkrüppelte. Jesus tritt zu einem Mann auf einer Tragbahre, der seit 38 Jahren nicht mehr laufen kann. *Willst du gesund werden?*, fragt er ihn. Der Kranke antwortet ausweichend. Er gibt anderen die Schuld, dass es ihm schlecht gehe, jammert vor sich hin. Jesus spürt, dass es diesem Menschen guttun würde, mit seiner eigenen Kraft in Kontakt zu kommen. Darum sagt er: *Steh auf, nimm deine Bahre und geh!* Jesus diskutiert nicht, sondern konfrontiert den Mann mit seiner Stärke. Er lockt ihn aus sich heraus. Im Johannesevangelium heißt es weiter: *Sofort wurde der Mann gesund, nahm seine Bahre und ging.*

Die Geschichten aus der Bibel sind nicht eins zu eins auf Lebenssituationen übertragbar, aber sie enthalten

Wahrheitskerne. So zeigt diese Heilungsgeschichte, dass Gott jeden Menschen individuell im Blick hat. In diesem Fall fordert er einen Kranken dazu auf, für sich selbst Verantwortung zu übernehmen. Gott traut ihm das zu. Und nicht erst dann, wenn dessen Unsicherheit vergangen ist, sondern mitten aus der Unsicherheit heraus. *Steh auf, nimm deine Bahre und geh!*

Es tut mir gut, wenn ich merke, dass mir etwas zugetraut wird. Dann werde ich zu mir selbst herausgefordert. Nicht im Sinne von Druck oder überzogenen Erwartungen, sondern ich spüre, dass jemand von etwas in mir überzeugt ist. *Du kannst das,* lautet die Botschaft. Sie ist unnachgiebig. So, als ob ich ansonsten an mir vorbeileben würde. Zugleich spüre ich, dass ich realistisch wahrgenommen bin und jemand wohlwollend einschätzt, was in mir steckt.

Lebendiger Gott,
was traust Du mir zu, weil Du weißt, dass ich es
kann?
Was kann ich heute davon leben?

*

Es war nach meinem Abitur. Ich arbeitete in einem Aachener Seniorenheim, um die Zeit bis zum Studium zu überbrücken. Da Pflegenotstand war, wurde ich bald intensiv in der Betreuung alter Menschen eingesetzt.

Diese direkte Konfrontation mit seelischem und körperlichem Leid, mit Sterben und Tod, sowie Gespräche mit dort tätigen Franziskanerinnen öffneten mir die Augen für eine völlig neue Dimension: Gott wurde für mich zu einer nie zuvor erlebten Wirklichkeit. Anders als in meinem Kinderglauben. Herausfordernder. Glühender. Mit Zweifeln und Fragen verbunden, aber unwiderstehlich. Ich begann zu lesen. In der Stadtbücherei entdeckte ich zahlreiche Bücher, die meinen Wissensdurst stillten, um ihn dann noch drängender wachsen zu lassen.

Im Sommer fuhr ich mit meiner Familie an die Ostsee. Dorthin hatte ich unter anderem ein schmales Büchlein mitgenommen: eine Biografie von Blaise Pascal. Ich weiß noch wie heute, dass ich auf einem bunten Handtuch am Strand lag und las. Um mich Kinderlachen, Wellenrauschen, Möwengeschrei, Sonnenölduft. Und ich weiß noch, dass ich mich beim Lesen plötzlich kerzengerade aufrichtete: Blaise Pascal, dieser so nüchterne Naturwissenschaftler aus dem 17. Jahrhundert, hatte Gott lebendig erfahren. Unerwartet und überwältigend. Er schrieb:

Jahr der Gnade 1654

Montag, den 23. November … Seit ungefähr
abends zehneinhalb bis ungefähr eine halbe Stunde
nach Mitternacht Feuer »Gott Abrahams, Gott
Isaaks, Gott Jakobs«, nicht der Philosophen und
Gelehrten. Gewissheit, Gewissheit, Empfinden:
Freude, Friede. Gott Jesu Christi. … Freude, Freude,
Freude und Tränen der Freude. Jesus Christus!
Ich habe mich von ihm getrennt, ich habe ihn
geflohen … Ewige Freude für einen Tag geistiger
Übung auf Erden … Amen.

Ich las und las. Da war ein Mensch von der Gegenwart
Gottes ergriffen worden. Nicht durch Theorien und phi-
losophische Abhandlungen, sondern existenziell mit
Haut und Haar. Sein Herz brannte in der Gewissheit, dass
Gott existiert. Zweifellos.

Nach seinem Tod fand man jene wie in Ekstase ge-
stammelten Ausrufe auf einen Pergamentstreifen gekrit-
zelt in seinem Mantelsaum. Dort hat der Mathematiker
den Zettel eingenäht, trug das Zeugnis seiner mystischen
Erfahrung immer bei sich. Der wissenschaftlich orientierte Skeptiker führte fortan ein auf Gott ausgerichte-
tes Leben. Er zog sich zurück, suchte Stille, Gebet, Kon-
templation. Zwar interessierten ihn zeitlebens technische

Neuerungen, doch mehr noch das Abenteuer des Glaubens an den lebendigen Gott.

Kinderlachen und Meeresrauschen holten mich an den Ostseestrand zurück. In alldem bewegte mich dieses so unerwartet für Gott brennende Herz. In seiner Heftigkeit beunruhigend und faszinierend zugleich.

Wie für Blaise Pascal, so brach auch für Petrus Gottes Gegenwart unerwartet stark in seinen Alltag ein, entzündete sein Herz. Gottes Gegenwart als Wirklichkeit. Eine Wirklichkeit, die für Petrus alles bisher mit Jesus Erlebte übertraf. Sicherlich hatte er sich als Jünger Jesu risikobereit auf diesen höchst ungewöhnlichen Menschen eingelassen. Sicherlich war er im Großen und Ganzen davon überzeugt, dass Jesus der Sohn Gottes war. Doch blieb das alles im Rahmen des Verständlichen.

Bis zu folgendem Ereignis: Eines Tages stieg Jesus mit Petrus und zwei anderen auf einen hohen Berg. Dort oben leuchtete Jesu Gesicht plötzlich wie die Sonne und seine Kleider wurden blendend weiß. Zudem erschienen Mose und Elija, zwei längst verstorbene Anführer des Gottesvolkes, und redeten mit Jesus. Petrus traute seinen Augen nicht. Das alles war ja großartig! Petrus war völlig überwältigt vom Glück dieses wunderbaren Augenblicks. Vergessen waren seine ängstlichen Sorgen wegen der Leidensankündigungen, die Jesus eine Woche zuvor gemacht hatte. Voll Eifer sagte Petrus zu Jesus: *Herr, es ist gut, dass wir hier sind. Wenn du willst, werde ich hier drei Hütten bauen, eine für dich, eine für Mose und eine für Elija.* Dieses Gipfelerlebnis wollte Petrus sichern. Ein für allemal. Genau hier an Ort und Stelle. Und er wollte damit jeder bedrohlichen Situation ausweichen. Kontrolle über die Zukunft haben. Doch es kam ganz anders.

Noch während er redete, warf eine leuchtende Wolke ihren Schatten auf sie und aus der Wolke rief eine Stimme: Das ist mein geliebter Sohn, an dem ich Gefallen gefunden habe; auf ihn sollt ihr hören.

Als die Jünger das hörten, überkam sie große Angst und sie warfen sich mit dem Gesicht zu Boden. Da trat Jesus zu ihnen, fasste sie an und sagte:

Steht auf, habt keine Angst!

Und als sie aufblickten, sahen sie nur noch Jesus. Nur noch Jesus. Der Moment der wundersamen Vision hatte sich aufgelöst. Nüchtern brachte Jesus die Realität zurück. Er berührte die auf dem Boden liegenden Jünger, gab ihnen klare Handlungsanweisungen: *Steht auf, habt keine Angst!* Mehr noch: Jesus verließ diesen Ort auf dem Berg und ging zurück ins Tal, in die Niederungen, in den Alltag. Und die Jünger folgten ihm. Hatten sie doch gerade vorher die Botschaft Gottes vernommen: *Auf ihn sollt ihr hören.* Das war beim Abstieg vom Berg noch relativ einfach. Erst im Alltag mit seinen Höhen und Tiefen würde sich zeigen, ob die erlebte Gotteserfahrung in ihren Herzen weiterbrannte und Auswirkungen hatte. Oder ob sie wie ein Strohfeuer verfliegen würde.

Gottes lebendiger Funke erreichte mich damals bei meiner Arbeit im Seniorenheim. Nicht wie ein Leuchtfeuer, nicht wie eine Vision, sondern eher scheu, still, anfragend. Dabei traute ich weder mir noch Gott. Ich weiß nur, dass ich zutiefst ergriffen war von etwas, das ich mit dem Verstand nicht einsortieren konnte.

An einem Nachmittag wollte ich – inzwischen Studentin in Köln – mit dem Zug nach Aachen fahren. Da ich noch etwas Zeit hatte, ging ich in den Kölner Dom. Ich sah in die lichterfüllte Höhe, ich sah Kunstschätze in Stein, in Gold, hörte hallendes Stimmengewirr. In alldem fühlte ich mich verloren. Ich suchte und wusste nicht, wonach. An einem Schriftenstand entdeckte ich ein Heftchen und begann, darin zu lesen. Es wurde vom Leben einer Frau erzählt, die als junger Mensch Atheistin war, dann Philosophie studierte und für sich selbst überraschend zum Glauben an den lebendigen Gott fand. Durch alles wissenschaftliche Denken, durch Familientraditionen, durch Zweifel und Ringen hindurch. Provokant und eigenständig: Edith Stein.

Beim Lesen lehnte ich mich an einen kalten Pfeiler, vergaß Zeit und Ort. Ich weiß noch, dass ich irgendwann in großer Eile den Dom verließ, um meinen Zug noch zu erreichen. Dabei blieb ich fast mit dem Regenschirm in der Drehtür hängen. So sehr hatte mich Edith Stein getroffen. So sehr spürte ich Energie und Lust, meinen eigenen Weg mit Gott suchen zu wollen. Suchen zu müssen.

So wurde ich als junger Mensch von Gott entzündet. Irgendetwas war wohl in mir bereit dafür gewesen. Irgendein Hunger nach dem Sinn meines Lebens. Nach dem Sinn menschlichen Lebens überhaupt. Nach dem großen Zusammenhang, in dem Freude und Leid verschmelzen. Irgendetwas war wohl in mir so vertrocknet, dass es entzündbar war. Vielleicht meine Sehnsucht nach unvergänglicher Heimat, nach letztgültiger Antwort, nach einer Liebe, die alles umfasst.

Ich begann, mich mehr und mehr auf die Suche nach Gott zu begeben. Fragend, suchend und tastend. Immer wieder ungläubig gläubig. Mein Leben nahm seinen Lauf. Mit eigener Familie und Beruf. Mit Orts- und Wetterwechseln. Doch der lebendige Funke blieb. Er blieb in aller Banalität des Alltags, in allen schweren Schicksalsschlägen. Oft nur als Ahnung oder im Nachhinein spürbar.

Eines ist mir jedoch bis heute deutlich: Ich lebe an mir vorbei, wenn ich den Gottesfunken in mir zuschütte mit mottenzerfressenen Altlasten, mit aufgeblähten Lebensmustern, mit zu viel Ablenkungen und Konsum. Dann bin ich unruhig. Ich suche und weiß nicht, wonach. Bis es mir wieder einfällt: Da brennt ein Gottesfunke in mir. Er will leben!

Erfahrung von Gottes Gegenwart im eigenen Leben.
Beunruhigend leuchtend wie bei Blaise Pascal.
Höchster Glücksmoment wie bei Petrus.
Tiefe Erkenntnis wie bei Edith Stein.
Zunächst oft unscheinbar, eher als Ahnung, im Nachhinein erkennbar.
Nicht machbar. Nicht erzwingbar.
Pures Ereignis im banalen Alltagsleben.
Immer geht es dabei ums brennende Herz.
Das fühlt sich angerührt, ergriffen von einer Wirklichkeit,
die die erfahrbare Wirklichkeit weit übersteigt.
Das spürt, dass es mehr gibt als die messbare Realität.

Da blüht ein Tulpenfeld mitten im Winter.
Da regnet es silbriges Mondlicht.
Da grünt ein toter Schmetterlingsbaum.

Gott selbst brennt im brennenden Herzen.
Schöpferisch, jung und lebendig.
Gott, der Lebensbegleiter.
Mutmachend und liebevoll.

Vielleicht gilt es nur,
immer wieder das eigene Herz
für Gott zu öffnen.
So gut es geht.
Einen Spalt Stille breit.

*

Gottsuche

Im Alten Testament der Bibel begegnet uns die leiden-
schaftliche Suche einer Frau nach ihrem Geliebten. Dort
heißt es:

*Bei Nacht auf meinem Lager suchte ich, den meine
Seele liebt; ihn suchte ich, doch ich fand ihn nicht.
»So will ich denn aufstehn, die Stadt zu durchstreifen; will auf Straßen und Plätzen den suchen, den
meine Seele liebt!« Ich suchte ihn, doch ich fand
ihn nicht! Die Wächter trafen mich an auf ihrer*

Runde durch die Stadt. »Habt ihr, den meine Seele liebt, gesehen?«

Welcher Mut, welche tiefe Sehnsucht sprechen aus diesen Zeilen! Da macht sich eine Frau nachts alleine auf den Weg durch die Stadt, setzt sich fremden Übergriffen aus, zeigt sich in der ganzen Blöße ihrer Sehnsucht. Damit macht sie sich äußerlich angreifbar und innerlich in ihren Gefühlen verwundbar. Das, was sie treibt, ist ihre unruhige Suche nach dem Menschen, den sie mit Leib und Seele liebt.

Diese bewegten Zeilen entstammen einer Sammlung von Liebesliedern im Alten Testament der Bibel, dem »Hohelied der Liebe«. Alle Texte sprechen in poetischer Sprache von der kraftvollen Schönheit menschlicher Zuneigung. Unverblümt und bildreich. Damit ist die Textsammlung ein Dokument der vitalen Macht der Liebe – für die damalige Zeit genauso wie für uns heute.

Darüber hinaus sieht die exegetische Forschung diese liebende Gemeinschaft zweier Menschen als bildhafte Darstellung der Beziehung zwischen Gott und seinem Volk Israel. Christliche Auslegungen beziehen sie auf die Liebe Christi zu uns Menschen oder zur Kirche. Eine ähnlich starke, oft auch erotische Verbundenheit zwischen der menschlichen Seele und Gott oder Jesus findet sich auch in zahlreichen mystischen Texten.

Geistliche Literatur kann wie ein sensibles Sprachrohr für die suchende Liebe der Menschen nach Gott, aber ebenso für die suchende Liebe Gottes nach den Menschen sein.

Du siehst, dass ich ein Sucher bin, schreibt auch Rainer Maria Rilke in einem seiner Gedichte. Es entstand 1899 und ist in Rilkes Textsammlung »Stundenbuch« enthalten.

In den Jahren zuvor unternahm der Dichter zwei Reisen. Eine Reise führte ihn nach Italien, wo Rilke staunend vielfältige Zeugnisse der Bildenden Kunst wahrnahm. Die andere Reise führte ihn nach Russland, wo er der schwermütigen Tiefe russischer Menschen und der mystischen Wirkkraft ihrer Ikonen begegnete.

All das Erlebte beeindruckte den Dichter tief und wandelte seinen Glauben an den christlichen Gott. Hatte Rilke doch unauslöschbare Spuren Gottes gerade in jenen Menschen entdeckt, die auch Jesu Aufmerksamkeit auf sich zogen: Blinde, Gesinde, Bettler und Kinder. Schien das Wort »Gott« in seinen bisherigen Texten oft wie eine ästhetische, blutleere Formel, so füllte sich diese Anrede nun mit konkretem Leben.

In immer neuen Bildern, in einer Überfülle an Metaphern ringt Rilke fortan in seinen Gedichten mit dem lebendigen Gott. So lauten die Anfangsverse des erwähnten Gedichtes wie ein Programm für seine Dichtkunst. Dort heißt es:

Die Dichter haben dich verstreut
(es ging ein Sturm durch alles Stammeln),
ich aber will dich wieder sammeln
in dem Gefäß, das dich erfreut.

Rainer Maria Rilke macht eine Bestandsaufnahme: Viel ist über Gott in allen Jahrhunderten geschrieben worden. So viel, dass der geheimnisvolle Gott, der nicht mit engen Begriffen festzulegen ist, fast zerredet und zerdacht wurde. Der Dichter sieht nun seine Aufgabe darin, diese Facetten zu sammeln, zu bündeln und in seinen Texten zu verdichten. In aller Schlichtheit stellt er sich gleichsam vor Gott hin und bekennt: *Du siehst, dass ich ein Sucher bin.*

Ein suchender Mensch ist nicht gleichgültig. Er ist angerührt von etwas Kostbarem, das er vielleicht gar nicht genau benennen kann. Aber dieses Kostbare lässt den Menschen nicht los und lässt ihn aufbrechen. Von dieser Haltung zeugen alle Texte des »Stundenbuchs« von Rainer Maria Rilke. Sein ahnungsvolles Ringen mit dem Geheimnis Gott offenbart Rilkes sehnsuchtsvolle Liebe.

Kennen Sie selbst solch eine sehnsuchtsvolle Suche nach Gott, die Ihr Leben beschwingt und vielleicht sogar verändert hat? Eine Suche, die mutig und risikobereit macht, so wie es die Frau im »Hohelied« geworden ist, von der es heißt: *So will ich denn aufstehn, die Stadt zu durchstreifen; will auf Straßen und Plätzen den suchen, den meine Seele liebt.*

III

VON VERWEILENDER GELASSENHEIT

Einfaches Sein

Max ist ein Junge von drei Jahren. Als ich vor einiger Zeit bei seiner Familie zu Besuch bin, begegnen wir uns um 6 Uhr morgens im Wohnzimmer. Max ist Frühaufsteher. Ich auch. Erst spielen wir mit kleinen Männchen und Bausteinen, bis Max vorschlägt, dass wir jetzt alle zusammen verreisen. Dorthin, wo er mit seiner Familie die Ferien verbracht hat: in die Berge. Max verstaut in einer großen, grauen Stofftasche kleine Männchen, Bilderbücher, Kissen, seinen roten Arztkoffer, Tassen und den grünen Bagger. Er arbeitet flink und schnauft dabei.

Plötzlich stellt er sich mitten in den Raum und schaut aus dem Fenster. Er schaut in die Äste der Bäume und in den hellen, weiten Morgenhimmel. Ohne zu reden steht er da, reglos und ernst. Ich spüre, wie er sich entspannt und zur Ruhe kommt. Zu seiner eigenen Ruhe.

Nach einer Weile dreht Max sich zu mir um, lacht und füllt weiter die Stofftasche. Anschließend baut er einen Turm. »Das ist die Tankstelle«, sagt er. Er baut, bis der Turm wackelt und mit lautem Knall zu Boden kippt. Max kniet nieder, sammelt die Bausteine auf und baut den Turm noch einmal.

»So«, sagt er, erhebt sich und läuft in die Küche. Lautstark zieht er zwei Holzstühle vor den Reisesack. Er stellt sie nebeneinander und sagt zu mir: »Du bist das Baby und ich bin die Mama.« »In Ordnung«, sage ich. Max klettert auf den rechten Stuhl und ich setze mich auf den linken Stuhl. Dann geht die Fahrt los. Max lenkt mit beiden Armen in der Luft und macht dumpfe Knattertöne. Ab und zu hupt er. Es ist schön, neben Max in die Berge zu fahren.

Max lebt vertrauensvoll im Jetzt. Er hat eine Idee und improvisiert. Nicht nach fertigem Plan, sondern er reagiert einfach auf das, was sich ergibt.

Wenn er Ruhe braucht, holt er sich Ruhe.

Wenn Gebautes zusammenstürzt, baut er Neues auf. Wenn er Mama ist, ist er Mama. Max lebt das, was »kindlich« genannt und belächelt wird: einfaches Sein.

Jesus lebte genauso. Er ging umher, sprach aufmerksam mit Menschen, denen er gerade begegnete, reagierte kraftvoll auf Unvorhergesehenes, zog sich in die Einsamkeit zurück, wenn er Ruhe brauchte. Er hatte kein festes Programm, keine Strategie, manipulierte nichts. Jesus lebte und reagierte im einfachen Sein.

Jesus hatte Gottvertrauen.

Ich bin eingebunden in die Anforderungen meines Lebens. Ich muss Pläne machen und Termine einhalten. Aber ich wünsche mir, dass ich in alldem Gott nicht verschütte, sondern in aller Einfachheit mit Gott lebe.

Lebendiger Gott,
Du bietest mir Morgenhimmel an. Ich möchte
heute Deine Gegenwart spüren und darin einfach
sein.

*

Schwitzen

Ich erinnere mich noch gut an meinen Musiklehrer in
Aachen. Er leitete den großen Schulchor, in dem ich mit-
sang. Ich erinnere mich, dass dieser engagierte Lehrer
beim Dirigieren extrem stark schwitzte. Dabei hatte der
Komponist und Dirigent Richard Strauss doch zehn Gol-
dene Regeln fürs Leiten eines Orchesters verfasst. Er
schrieb sie 1922 einem jungen Kapellmeister in dessen
Übungsbuch. Darin lautete ein wichtiges Gebot beim
Dirigieren: *Du sollst nicht schwitzen.*

Du sollst nicht schwitzen! Das ist ja schier unmöglich
bei solch ausdrucksstarken Körperbewegungen wie beim
Dirigieren! Der Musiker Richard Strauss meinte damit,
dass ein Dirigent so wenig Bewegungen wie möglich und
so viele wie nötig machen sollte. Dass er also bei allem
Engagement gelassen in sich ruht.

Eine solch in sich ruhende Gelassenheit erlebten einige

Jünger bei Jesus. Im Markusevangelium der Bibel wird folgende Szene erzählt:

Jesus fährt abends mit seinen Jüngern in einem Boot über einen großen See. Plötzlich stürmt es mächtig. Wassermengen treiben ins Boot, so dass es zu sinken droht. Jesus liegt hinten im Kahn auf einem Kissen und schläft. Als die Männer ihn geweckt haben, steht er auf und befiehlt dem Wirbelsturm und dem See, sich zu beruhigen. Sofort stellen die Naturgewalten ihr mächtiges Toben ein. Es ist still.

Jesus sagt zu seinen Jüngern: *Warum habt ihr solche Angst? Habt ihr noch keinen Glauben?* Die Jünger aber sind verstört. Was ist das für ein Mensch, dem Naturgewalten gehorchen?

Das Erstaunen der Männer richtet sich auf die Sensation, dass ein Sturm und ein aufgewühlter See durch die Kraft Jesu beschwichtigt werden können. Doch Jesus möchte seinen Jüngern mit dem gesamten Ereignis etwas ganz anderes deutlich machen. Er fragt sie nach ihrer gläubigen Gelassenheit: *Warum habt ihr solche Angst? Habt ihr noch keinen Glauben?* Dass Jesus inmitten des Chaos auf einem Kissen liegt und schläft, empfanden seine Jünger wahrscheinlich als Zumutung. Mit dieser Haltung signalisierte Jesus ihnen jedoch sein Grundvertrauen: *Egal, was ist und kommt, ich bin bei Gott geborgen.* Natürlich war ihm klar, dass die Männer in der

Not konkreten Handlungsbedarf hatten. In seinen Fragen ging es Jesus aber darum, dass sie in der Dramatik der Situation offensichtlich seine Anwesenheit vergessen hatten. Dass sie »ins Schwitzen kamen«. Das betrübte ihn.

Ich kenne das Gefühl, dass Wellen über mir zusammenschlagen. Ich weiß, wie das ist, wenn der Sturm der Ereignisse in mir tobt. Und ich kenne auch das Empfinden, mich in Chaos und Not alleingelassen zu fühlen. Wenn ich jedoch diese bildhafte Geschichte Jesu in mein Leben schreibe, beruhigen sich in mir Sturm und See. Ich kann mein Vertrauen darauf richten, dass Gott in mir anwesend ist. In engagierter Ruhe.

Lebendiger Gott,
ich möchte Dir heute immer wieder vertrauen. Das
gibt mir Gelassenheit und lässt mich meine Anfor-
derungen im Alltag dirigieren, ohne im Übermaß
zu schwitzen.

*

Gottvertrauen

Als unsere Kinder noch klein waren, haben wir für sie in unserem Garten ein Kinderbeet angelegt. In dieses Beet konnten sie Blumensamen einstreuen. Und tatsächlich: Eines Tages zeigten sich die ersten hellgrünen Keimlinge. Die Aufregung der Kinder war groß. Sie ließ allerdings bald nach, weil die Keimlinge viel Zeit zum Wachsen brauchten. Eines Tages sah ich, wie ein Kind niederkniete und an einem jungen Pflänzchen zog. Als ich zu ihm hinging, sagte das Kind ungeduldig: *Ich helfe der Blume beim Wachsen.*

Einer Blume beim Wachsen helfen. Ihr Wachstum beschleunigen, indem sie mehr und mehr aus ihrem Lebensboden herausgezogen wird. – So würde der »Große Gärtner«, den der Maler Emil Nolde auf einem gleichnamigen Gemälde darstellte, nicht handeln. Emil Nolde malte diesen großen Gärtner in den bunten Farben seiner Blumen. Aufmerksam wacht dieser Gärtner über seine Pflanzen, berührt sie liebevoll. Er weiß, dass alles Lebendige nach eigenen Gesetzen reift und gedeiht. Er weiß, dass ein Gärtner Zuversicht und Geduld braucht: Er muss an die Wachstumskraft seiner Pflanzen glauben und ihnen Zeit lassen. Ihre eigene Zeit der Reifung, der Entwicklung.

Solch einfühlsames Verhalten tut gut. So möchte ich

von anderen Menschen behandelt werden. So möchte ich mit anderen Menschen umgehen. So möchte ich zu mir selbst sein: geduldig, freundlich und verständnisvoll in den unterschiedlichen Phasen meines Lebens. Doch Zeitpläne und Erwartungen setzen mich unter Druck. Meine eigene Ungeduld will Krisen abrupt beenden, Gesundheit und Frieden augenblicklich herstellen. Als ob das so einfach ginge. Als ob das Leben nicht permanent herausfordert zu Demut und Geduld. Gerade in Wachstumsprozessen. Gerade in Krisen und Veränderungen. Da gilt es, langen Atem zu haben.

Was für den Umgang mit anderen und mit mir selbst gilt, gilt auch für meinen Bezug zu Gott. Ich möchte Gott als Notbremse, als Wunderheiler, als Trostpflaster. Möglichst auf Knopfdruck und sofort. Doch Gott ist wohl eher wie der große Gärtner auf Emil Noldes Gemälde: Er will mir Zeit lassen, meine eigenen Entwicklungsschritte zu gehen. Und dabei begleitet Gott mich aufmerksam wie der große Gärtner.

Kann ich das glauben? Ich bemühe mich darum. Ich spüre, dass der Glaube an Gott mit Vertrauen zu tun hat. Mit einfachem Vertrauen in den großen Gärtner, der weiß, wann er seine Pflanzen düngt, wann er sie vereinzelt, wann er sie in der Sonne, aber auch in Hagel und Sturm wachsen lässt. In Herausforderungen. In Zumutungen.

Mir fällt der heilige Franz von Assisi ein. Er lebte im 12./13. Jahrhundert. Dieser Mann hatte nach langem Umherirren sein Leben kompromisslos auf Gott ausgerichtet. Danach lebte er gelassen in innerer Verbindung mit dem »Großen Gärtner«. Er rechnete fest damit, dass die gesamte Schöpfung in guten Händen geborgen sei. Auch wenn vieles unverständlich und undurchschaubar war.

Lebendiger Gott,
Dir vertraue ich meinen Lebensgarten an mit all
den Irrwegen und Schönheiten. Heute.

*

Innere Heimat

Zu den menschlichen Urbedürfnissen gehört es, Heimat zu haben. Heimat hat mit den Wurzeln der eigenen Lebensgeschichte zu tun, mit Vertrautheit und sinnenhaften Eindrücken. Mit Geborgenheit, zuweilen auch mit Enge. Eindrücke aus dem Heimatort, der Heimatstadt wirken bis ins hohe Alter nach, so dass manch alter Mensch in kleinsten Kleinigkeiten den Schotterweg vor seinem Elternhaus, den Duft der Obstwiesen am Ortsausgang, die knarrenden Geräusche des Kaugummiautomaten neben seiner Schule jederzeit in sich wachrufen kann.

Die eigene Heimat ist in die Seele vieler Menschen eingemalt. Sie können sie in ihren Erinnerungen aufsuchen, auch wenn sie ihre Herkunftsstätte durch Ortswechsel, Vertreibung oder Flucht längst verlassen haben.

Friedrich Nietzsche, dichtender Philosoph und Querdenker im 19. Jahrhundert, setzte sich in seinen Werken oftmals mit dem Thema »Heimat« auseinander. So heißt es in seinem sechsstrophigen Gedicht *Vereinsamt*:

Die Krähen schrein
Und ziehen schwirren Flugs zur Stadt:
Bald wird es schneien.
Wohl dem, der jetzt noch Heimat hat!

Nun stehst du starr,
Schaust rückwärts, ach! wie lange schon!
Was bist du Narr
Vor Winters in die Welt entflohn?

Die bunte, unpersönliche Welt kann in den Augen des Dichters kein tragendes Gegengewicht für den tiefen Wert von Heimat bieten. Für Nietzsche ist die Welt ein Tor zu immer größer und kälter werdender Verlorenheit inmitten von Anonymität. Der Mensch, der heimatlos in die Oberflächlichkeiten dieser Welt flieht, muss haltlos und unstet werden. Ohne eigene Verwurzelung wird er zu einem vogelfreien Narren.

Die Krähen schrein
Und ziehen schwirren Flugs zur Stadt:
Bald wird es schnein,
Weh dem, der keine Heimat hat!

In der letzten Strophe des Gedichts gipfeln die Aussagen in der warnenden Klage: *Weh dem, der keine Heimat hat!* In seinen Werken geht es Friedrich Nietzsche um weitaus mehr als um den Verlust des realen Heimatortes: Er nimmt die äußere Heimat als Bild für die innere Heimat eines Menschen.

Innere Heimat erwerben wir uns im Laufe unseres Lebens. Sie entsteht, blüht oder welkt in dem Maße, in dem wir in uns selbst zuhause sind. Dazu brauchen wir fruchtbaren Nährboden. Dieser Nährboden entsteht durch positive menschliche Beziehungen, durch Wohlfühlen in unserem täglichen Tun, durch die Entfaltung unserer Persönlichkeit. Er entsteht jedoch vor allem dadurch, dass wir einen tragenden Sinn in unserem Dasein verspüren.

Dieser Sinn kann auf unterschiedliche Weise gefunden werden. Das umfassendste Angebot, das das gesamte menschliche Dasein trägt und durch den Tod in die Ewigkeit weitet, findet sich im Glauben an den lebendigen Gott. Dieser Glaube besagt, dass jeder Mensch individuell von Gott gemeint ist und von Ihm in dunklen und hellen Zeiten begleitet wird. Mit jenem Glauben sind wir in der Anonymität der schillernden Welt nicht verloren, sondern in der persönlichen Beziehung zu Gott geborgen. Dieser Glaube kann uns innere Heimat geben.

Innere Heimat im Glauben ist jedoch kein fester Besitz. Sie will bebaut und gepflegt werden und braucht unsere Bereitschaft, immer wieder nach Gott zu suchen und uns von Gott finden zu lassen. Dazu weist uns der Menschen- und Gottessohn Jesus den Weg. Jesus gerät in den kurzen Jahren seines öffentlichen Wirkens oftmals in Bedrängnis durch Menschenmassen und zieht sich bewusst zurück: in ein Haus, auf einen Berg, in einen Garten. Dorthin, wo er Stille findet und Einsamsein. Sein Einsamsein ist nicht jene Verlorenheit, von der Friedrich Nietzsche in seinem Gedicht spricht. Das bewusste Einsamsein Jesu ist getragen von seiner tiefen Beziehung zu Gott. Darin erfährt auch der Gottessohn innere Heimat.

Für Jesus war es notwendig, sich Aus-Zeiten zu nehmen. Dann konnte er sein Handeln und Denken vor Gott ordnen und zugleich von Gott innerlich Kraft erhalten, seinen Weg fortzusetzen. Auch wir können im Glauben an Gott stärkende Geborgenheit in uns selbst finden. Es liegt an uns, diese innere Heimat zu entdecken und zum Blühen zu bringen, selbst in kalten Zeiten.

*

Gelassenheit

In der Schulzeit unserer Kinder ging ich regelmäßig zu ihren Elternsprechtagen. Ich erhielt von ihnen eine Liste mit den Namen der Lehrerinnen und Lehrer, mit denen ich sprechen sollte. Ferner einen Informationszettel, wann und in welchen Räumen die Gespräche stattfinden sollten. Vor den Klassentüren standen Stühle. Meist nahm ich ein Buch mit und las, um mir die Wartezeiten zu verkürzen. Ich erinnere mich, dass mir bei jedem Sprechtag ein Vater besonders auffiel. Dieser Vater rannte Jahr für Jahr wie gehetzt die Flure auf und ab. Dabei wedelte er mit Zetteln. Er war die Unruhe in Person.

An diesen Vater muss ich denken, wenn ich selber Unruhe in mir verspüre. Sein äußeres Erscheinungsbild wird für mich zu einem Bild in meinem eigenen Inneren. *Hetz doch nicht so,* sage ich dann zu mir, oder: *Immer mit der Ruhe!*

Aber das ist manchmal nicht so leicht. Oft sind es gar nicht äußere Umstände, die zur Eile antreiben. Oft sind es innere Beweggründe. Wie vielleicht auch bei dem Vater am Elternsprechtag. Was wird ihn umgetrieben haben? Zeitnot kann es nicht gewesen sein, denn die Sprechzeiten waren festgelegt. Vielleicht Sorgen über schlechte Noten seiner Kinder? Vielleicht negative Erinnerungen an die eigene Schulzeit? Vielleicht die ungewohnte Rolle, die er an diesem Tag spielte?

Walt Disney hat in seinem *Dschungelbuch* eine liebenswerte Gestalt geschaffen: den Bären Balu. Dieser gutmütige Geselle gibt uns eine wohltuende Lebensweisheit mit auf den täglichen Weg. Er singt, indem er gemächlich durch den Dschungel tanzt: *Versuch's mal mit Gemütlichkeit!* Damit ist gemeint, das Lebenstempo herunterzufahren. Sich eher auf einen Stuhl zu setzen, als 100-mal daran vorbeizulaufen. Und dabei geht's ums Ausprobieren: *Versuch's mal mit Gemütlichkeit!*

Auch Menschen auf der Suche nach Gott ist innere Unruhe nicht fremd. Gerade sie, die bewusst Stille und Schweigen suchen, kennen den Lärm im eigenen Inneren. Gerade dann, wenn sie einen ruhigen Raum aufsuchen, gerade dann, wenn sie Menschenmassen meiden und sich auf sich selbst besinnen wollen. Dann tauchen all die Fratzen auf, die irritieren und kritisieren: Maßregelungen der Eltern aus früher Kindheit, Nörgeleien aus der Chefetage, Wichtigtuereien von Kollegen, Mäkeleien der eigenen Kinder. Diese Litanei kann fortgesetzt werden. Und doch ist der einzige Widersacher gegen Unrast und Hektik das gelassene Verweilen.

Jesus zog sich oft aus Menschenmassen, aus all den Anforderungen an ihn zurück an einen ruhigen Ort: in die Wüste, in einen umzäunten Garten oder auf einen Berg. Dort suchte er im Gebet Kontakt zu Gott. Er breitete alles Erlebte seines Alltags vor Gott aus. Dabei wurde er mit seiner persönlichen, menschlichen Begrenztheit konfrontiert. Jesus hatte Angst, Jesus weinte. Bei Gott suchte er Halt, Richtung und Kraft, den eigenen Weg erkennen und gehen zu können.

Lebendiger Gott,
ich möchte heute versuchen, meiner Hektik und
Unruhe Gelassenheit entgegenzusetzen. Verwei-
lende Gelassenheit. Und es wagen, Dich in diesem
Innehalten an meinem Leben teilnehmen zu lassen.

*

Perspektivwechsel

Das Telefon klingelt bei Familie Schröder. *Nun stellen Sie sich vor,* schimpft die Nachbarin, *vier Ihrer Kinder sitzen doch schon wieder in meinem Kirschbaum und stopfen sich die Münder voll! – Also, das ist ja schrecklich!*, ruft die Mutter, *wo haben die bloß wieder den Kleinsten gelassen?*

Das ist Perspektivwechsel. Die eine Frau jammert über den Verlust der Kirschen in ihrem Garten, die andere darüber, dass ihre Kinder das jüngste Kind nicht mitgenommen haben. Diese Begebenheit reizt zum Lachen und stand als Witz in einer Zeitung. Im Grunde ist sie ein humorvolles Beispiel dafür, dass alles durch die eigene Brille gesehen und gedeutet wird. Und dass der Blick durch eine andere Brille völlig irritiert.

Wie sehr muss Jesus vor 2000 Jahren seine Zeitgenossen geschockt haben! Wie sehr mutete er ihnen immer wieder Perspektivwechsel zu! Zum Beispiel dadurch, dass er sich um Ausgestoßene, Verrufene kümmerte, keine Vorurteile besaß und sich liebevoll Kindern und Kranken zuwandte. Denen, die keine Rechte besaßen. Denen, die innerlich heimatlos waren. Jesus sah alle Facetten des Lebens durch Gottes Brille. Nur dadurch.

Daher seine Liebe zu den Menschen. Daher seine Feinfühligkeit, mit der er zum Beispiel dem Zöllner Zachäus begegnete. Zachäus war in Jericho auf einen Baum geklettert, als Jesus vorbeikam. Er hatte von Jesus gehört und wollte ihn sehen. Von kleiner Körpergröße, bot ihm der Baum einen guten Überblick.

Jesus wurde von einer großen Menschenmenge begleitet. Genau unter dem Baum, auf dem Zachäus saß, blieb er stehen, sah hinauf und rief: *Zachäus, komm herunter und nimm mich mit zu dir als Gast!*

Die Umstehenden schüttelten ungläubig die Köpfe. Mit diesem Zachäus ließ sich Jesus ein, mit diesem reichen Zöllner, der betrogen und erpresst hatte? Blitzschnell stieg Zachäus vom Baum, nahm Jesus mit in sein Haus und bewirtete ihn. Von sich aus brachte der Zöllner das Gespräch auf das Geld, das er anderen Menschen unterschlagen hatte. Von sich aus versprach er einen neuen Lebenswandel. Mit keinem Wort war Jesus darauf zu sprechen gekommen. Vielleicht war es einfach Jesu freundliche Gegenwart, die Zachäus diesen Sinneswandel brachte.

Jesus stellte Tabus auf den Kopf. *Mit diesem Menschen spricht man nicht* oder *Jener Mensch passt nicht zu uns* galt für Jesus nicht. Für ihn zählte jeder einzelne Mensch mit seiner Eigenart, mit seinem So-geworden-Sein.

In dieser Einstellung leben bis heute Menschen ihren Alltag. So auch die Französin Madeleine Delbrêl. Sie stellte sich Gott zur Verfügung und ließ Gott durch sich hindurch wirken. Diesen Perspektivwechsel gibt sie uns mit in den Tag:

Gott,

meine Augen, meine Hände, mein Mund sind Dein.
Diese so traurige Frau mir gegenüber: Hier ist
mein Mund, damit Du ihr zulächelst.
Dieses vor lauter Blässe fast graue Kind: hier
meine Augen, damit Du es anschaust.
Dieser so müde, müde Mann: Hier ist mein ganzer
Leib, damit Du ihm meinen Platz gibst, und meine
Stimme, damit Du ihm leise sagst:
Setzen Sie sich doch!

IV

VOM LEBENDIGEN GEHEIMNIS

Gottes Gegenwart

Vor kurzem besuchte mich ein Mädchen aus der Nachbarschaft. Es kommt ab und zu bei mir vorbei, um sich Bücher auszuleihen. Diesmal blieb es lange an meinem Schreibtisch stehen und sah sich eine Postkarte an. Sie zeigt ein Gemälde aus der Schule des holländischen Malers Rembrandt. Darauf ist das Gesicht Jesu zu sehen. Jesus hat lange, dunkle Locken, einen Bart und trägt ein dunkelbraunes Gewand. Sein Blick ist nachdenklich und aufmerksam. *Ich kenne das Bild gut,* sagte das Mädchen und tippte auf den Holzrahmen, *es ist in meiner Kinderbibel.*

Plötzlich drehte es sich zu mir um und fragte: *Wo hast du eigentlich Gott kennengelernt?*

Ich stutzte. Mit dieser Frage hatte ich nicht gerechnet. Ja, wo habe ich Gott kennengelernt? *Ich glaube,* sagte ich zu dem Mädchen, *das war nach meiner Schulzeit, als ich anfing, nach Gott zu suchen. Und ich erinnere mich, dass ich Gott in einer Kapelle besonders gespürt habe.*

Längst ist das Mädchen wieder nach Hause gelaufen. Doch seine Frage bleibt in meinem Haus: *Wo hast du eigentlich Gott kennengelernt?*

Habe ich Gott überhaupt kennengelernt? Nein, muss

ich ehrlich antworten, ich habe Gott nicht kennengelernt. Nicht wie ein reales Gegenüber, wie einen Menschen. Eher in verschiedenen Situationen als Ahnung, als letzten Halt bei Fragen nach dem *Warum* und *Wozu*, als tiefen Sinn meines Daseins. Und ich spüre in meinem Leben, dass Gott mich nicht in Ruhe lässt. Selbst dann nicht, wenn mich weltweite Ereignisse und persönliche Schicksalsschläge an Gott fast verzweifeln lassen.

Jesus kannte Gott vollkommen und lebte sein Leben mit Gott. Er fühlte zunehmend Gottes Liebe in sich, in jedem Menschen, in der gesamten Schöpfung. Auch, wenn Jesus darunter litt, dass seine Mitmenschen, seine Jünger, seine eigenen Verwandten seine Botschaft nicht verstanden. Er weinte über den Verlust eines Freundes, er rang mit Gott, bevor er verhaftet und zum Tod am Kreuz verurteilt wurde. Jesu Leben durchzieht ein vertrauensvolles Festhalten an Gottes Gegenwart. Unter allen Umständen.

Vielleicht habe ich Gott am ehesten durch Jesus kennengelernt. Zum einen durch das friedvolle Auftreten Jesu. Durch seine liebevolle Art, jeden einzelnen Menschen ernst zu nehmen und zu respektieren. Vor allem aber durch seine Unerschrockenheit, sein Leben mit allen Begebenheiten und Begegnungen mit Gott in Beziehung zu bringen. Jesus lebte die Botschaft Gottes an uns Menschen: *Ich steh dir zur Seite und bringe dir Leben – auch über deinen Tod hinaus. Du bist mir persönlich wichtig. Jetzt und hier.*

Ein paar Wochen später besuchte mich wieder das Mädchen aus der Nachbarschaft. Diesmal brachte es eine Holzkiste mit. Darin befanden sich seine Schätze: Steine, Federn und kleine Bilder. Das Mädchen zeigte mir liebevoll jeden einzelnen Gegenstand. Ich erinnerte mich an seine Frage: *Wo hast du eigentlich Gott kennengelernt?* Alles seitdem Gedachte fiel mir ein. Kluge Antworten über Gottes erfahrbares Dasein für uns Menschen gingen mir durch den Kopf. Ich hätte so viel sagen können. Doch auf einmal musste ich lächeln. Gerade jetzt und hier war Gottes lebendige Gegenwart spürbar: in diesem kleinen Menschen mit seiner Schatzkiste auf dem Sofa.

*

Lebenswasser

Der Rhein ist ein breites Band. Lebendig, schillernd und verschwiegen. Seine Wellen haben viel gesehen, gehört, umspült und aufgenommen. So zum Beispiel den Brief meiner Freundin Amelie. Sie hatte mich vor vielen Jahren in Köln besucht. In ihrer Tasche trug sie einen Brief, den sie an eine Vorgesetzte geschrieben hatte. Diese

Frau hatte sie verletzt und gedemütigt. Der Brief war ein Rachebrief. Emotionsgeladen, aggressiv.

Als wir am Rheinufer standen, las Amelie mir den Brief vor. Anschließend schwiegen wir beide. Die vorbeiziehenden Schleppkähne surrten leise. Nach einer Weile zerriss sie den Brief in kleine Stücke. Langsam ging sie über die Ufersteine und warf die weißen Papierfetzen in die glitzernden Wellen. Als Amelie sich wieder neben mich stellte, wirkte sie erleichtert. *Das war's,* sagte sie, *und jetzt geht's weiter.*

Meine Freundin hatte eine Last abgegeben. Es war wohl ihre Art, mit negativen Gefühlen umzugehen. Und der Rhein wurde zum Reiniger, zum Mitwisser, zum Heiler. Nun fühlte sie sich befreit und konnte einen neuen Anfang wagen.

Etwas abgeben können. Stärkung erfahren in schwieriger Situation. All das lässt Menschen sich an Gott wenden.

Im Psalm 42 heißt es: *Wie der Hirsch schreit nach frischem Wasser, so schreit meine Seele, Gott, nach dir!* Dieses Schreien ist mehr als ein Sprechen oder ein Rufen. Es ist Zeichen äußerster Anstrengung. Diese Seele schreit nach lebendigem Wasser. Nicht nur, um persönliche Not loszuwerden, sondern auch, um von diesem Wasser zu trinken. Es sich einzuverleiben. Diese Seele hat existenziellen Durst. Und kein Erfrischungsgetränk dieser Welt kann solchen Durst stillen.

Der Psalm 42 ist ein Sehnsuchtspsalm. Wo und wann finde ich dich, lebendiger Gott?, schwingt darin mit. Der Psalm findet Antwort im Angebot, das Jesus macht. Am achten Tag, dem letzten Tag eines großen Festes, spricht der Gottessohn zu den Menschen: *Wenn jemand dürstet, so komme er zu mir und trinke.*

Ich horche auf. Das ist jemand, der meinen Durst nach dem Sinn meines Lebens stillen möchte. Das ist jemand, der meine Fragen nach dem Leid, nach den Schönheiten in dieser Welt beantworten möchte. Das ist jemand, der sich als großen Fluss anbietet, an dessen Fluten ich nicht nur meine Last abgeben, sondern aus dem ich trinken und mir Lebenskraft holen kann. Aber wie?

Der Rhein ist ein breites Band. Lebendig, schillernd und verschwiegen. Seine Wellen haben viel gesehen, gehört, umspült und aufgenommen. Wie ein Fluss fließt auch die Verbindung zwischen Jesus und Gott. Unaufhaltsam und kraftvoll.

Solch eine Verbindung bietet Jesus mir an. Eine strömende, fließende Verbindung zu ihm und zu Gott, die Energie und Lebensfreude gibt. Trotz aller Steine, die im Wege liegen. Trotz aller Einengungen und Teilungen.

Gegenwärtiger Gott,
ich möchte Dich heute als mein Lebenswasser er-
fahren. Lebendiges Wasser, das mir Kraft gibt,
mich reinigt und dem ich mich und alles, was ich
trage, anvertrauen kann.

*

Geheimnis Gott

Zu allen Zeiten, ob Tag oder Nacht, rauscht das Meer
in der spanischen Bucht von San Sebastián. Mal ist das
Wasser sanft und ausgeglichen, mal schlagen Stürme die
Wellen unruhig gegen kantige, graue Felsen. In all dem
Brausen und Rauschen ertönen ungewohnte Klänge. Sie
klingen metallen und heulen über das weite Meer. Diese
Töne erzeugt der Wind, der durch meterhohe Stahlarme
fährt. Sie gehören zu den drei *Windkämmen,* die der
spanische Künstler Eduardo Chillida 1977 für diese Bucht
geschaffen hat. Aus wetterfestem Baustahl, versuchen
die viele Meter hohen Elemente, die Windbewegungen
zu durchkämmen.

Was für eine ungewöhnliche Installation! Seit ich die
Windkämme auf Fotos in einer Ausstellung sah, gehen
sie mir nicht mehr aus dem Sinn. In diesem Kunstwerk

wird mit Unmöglichem gespielt: Als ob der Wind kämmbar wäre!

Ich denke manchmal gerne über Nicht-Alltägliches nach. Über Vorstellungen, die meinen Horizont irritieren und mein gewohntes Denken auf den Kopf stellen. Vielleicht lässt mich auch deshalb schon seit meiner Jugend die Suche nach Gott nicht los. Gerade Gott lässt sich nicht in festen Vorstellungen einfangen. Nicht eingrenzen in enge Begriffe und Bilder. Gott bleibt Geheimnis.

Dieses Gottesbild zeigt sich auch im Gesamtwerk des Künstlers Chillida. Dabei ist für ihn Johannes vom Kreuz besonders wichtig. Der Ordensmann lebte im 16. Jahrhundert und schrieb in seinen Texten oft vom unbegreifbaren Gott. Allzu vertrauliches Reden, als habe man Gott über die Schulter geschaut, war ihm fremd. Gott blieb für Johannes vom Kreuz ein Geheimnis. So sehr, dass er Gott manchmal schmerzhaft als dunkel empfand. Aber er spürte eine tiefe Liebe zu Gott, sah Gott als Urgrund alles Seins.

Chillida kannte viele Zeilen von Johannes vom Kreuz auswendig. Ihn inspirierte, wie grenzenlos und liebevoll dieser religiöse Mann über Gott dachte. Johannes vom Kreuz vertraute Gott seinen Alltag an, auch wenn er Gottes Wege nicht verstand.

Vielleicht sollen die *Windkämme* in der Bucht von San Sebastián gerade davon erzählen: von dieser unergründ-

lichen Freiheit Gottes, in der wir Menschen leben, ohne
sie formen zu können, ohne sie formen zu müssen. Vielleicht laden die *Windkämme* dazu ein, Gott Gott sein zu
lassen und einfach seiner gegenwärtigen Liebe zu vertrauen.

Lebendiger Gott,
wie oft möchte ich Dich durchkämmen mit meinen
Wünschen. Wie schwer fällt es mir, Dich im Alltag
vertrauensvoll wirken zu lassen. Und doch ist es
genau diese Haltung, die Du von mir erbittest.

Weite mich, Gott,
dass ich Dich nicht verfehle.
Weite mich,
dass ich Dich nicht verliere.
Weite mich
in die klare Weite Deiner Liebe.
Weite mich, Gott,
in Dich hinein.

*

Verbundensein

An der Wand neben meinem Sessel hängt ein Foto, das unsere beiden Töchter als kleine Mädchen zeigt. Sie halten sich fest umschlungen, haben die Köpfe aneinander gelegt und lachen in die Kamera. Gemeinsam sind sie stark. Nichts kann sie erschüttern. Weder unser energisches Bitten, endlich ihre Zimmer aufzuräumen, noch Streit mit Mitschülern oder der verlorene Fahrradschlüssel. In der Tiefe ihrer Seelen sind die beiden fest miteinander verbunden und schauen in eine Richtung.

Tiefe Verbundenheit zwischen zwei Menschen zeigen auch Darstellungen von Maria und Elisabet aus dem Neuen Testament der Bibel. Als Maria die unfassbare Botschaft erhält, den Sohn Gottes zur Welt bringen zu dürfen, und darin einwilligt, macht sie sich auf den Weg zu Elisabet. Der Weg durchs Gebirge ist steinig und einsam. Doch die junge Frau muss ihrer älteren Cousine diese Nachricht unbedingt mitteilen. In ihrer ungewöhnlichen Situation braucht sie vorurteilsloses Verständnis.

Elisabet erwartet – obwohl bereits sehr alt – ebenfalls ein Kind. Die beiden Frauen teilen einander das Geheimnis ihrer Schwangerschaften mit. Sie staunen über das, was ihnen in ihrem Leben widerfährt. Zugleich sprechen sie sich Mut zu, all das mit dem lebendigen Gott in Verbindung zu bringen. Den Glauben an Gottes liebende

Energie vertrauensvoll wachsen zu lassen. Beide ahnen, dass sie mit ihren ungewöhnlichen Schwangerschaften enge Normen sprengen und auf Hohn und Spott treffen werden.

Die Begegnung zwischen Maria und Elisabet ist im Laufe der Jahrhunderte in vielen Variationen dargestellt worden. Mal als Holzschnitt, mal als Zeichnung, meist auf Gemälden. Nach dem Stil der jeweiligen Zeit gekleidet, werden die Frauen oftmals mit gewölbten Bäuchen gezeigt. Manchmal sind darauf kleine Geburtshöhlen zu sehen, in denen die beiden Babies liegen.

Ab dem 12. Jahrhundert stehen sich Maria und Elisabet nicht nur im Gespräch gegenüber, sondern werden in liebevoller Umarmung dargestellt. So auch auf einer Bildtafel vom Altar von Liusà in Spanien. Maria und Elisabet haben die Köpfe aneinandergelegt und schauen aus dem Bild heraus. Doch nicht nur das: Sie haben ein gemeinsames Auge. Ein großes, umrandetes Auge. Genau am Berührungspunkt ihrer Gesichter. Beide Frauen haben somit die gleiche Blickrichtung, sind fest miteinander verbunden und verbündet.

Lebendiger Gott,
vielleicht geht es in meinem Leben nur darum,
dass ich es wage,

Dein liebendes Auge und mein Auge zusammen-
zubringen.
Mein Leben und die Welt aus Deiner Perspektive
wahrzunehmen.
Dann bin ich mutiger und gelassener.
Dann bin ich milder zu anderen und zu mir selbst.

Gotteserfahrung

Im Jahr 1964 erhielt der amerikanische Maler Marc
Rothko den Auftrag, eine Kapelle in Houston zu gestal-
ten. Die Kapelle war ein achteckiger Bau, und Rothko
sollte für die Seitenwände übergroße Bilder malen. Für
den Maler war die Ausführung dieses Auftrags – wie er
schrieb – fast zu viel. Nicht die gewaltigen Ausmaße der
Leinwände, sondern das Thema brachte Marc Rothko an
seine Grenze: Der Auftraggeber hatte ihn gebeten, in seinen Bildern etwas vom »Wohnen Gottes in der Gegenwart« spürbar zu machen.

Wohnen Gottes in der Gegenwart, im Hier und Jetzt.
Wie kann Gott darin erfahrbar werden? Diese uralte
Frage bewegt alle Menschen, die nach Gott suchen.

So auch die Zeitgenossen von Jesus vor 2000 Jahren.
Wo wohnst du?, fragte ihn auf der Straße ein Mann. Dort,
wo Jesus wohnte, würden er und sein Begleiter Jesus ken-

nenlernen. Dort würden sie sicherlich etwas von dem Geheimnis spüren, aus dem Jesus lebte.

Jesus machte keine großen Worte. *Kommt und seht,* sagte er einfach. Der Aufenthalt in Jesu Wohnraum war für die Männer so überzeugend, dass sie seine Jünger wurden. Was haben sie dort wohl erfahren? Alles wird dort von Jesus erzählt haben: seine Gastfreundlichkeit, die Geborgenheit im Raum, Gespräche. Die Männer werden gespürt haben: In Jesus selbst wohnt Gott und wirkt durch ihn in seinem Wohnbereich.

Wie nun hat der Maler Marc Rothko sich entschieden? Er ließ sich auf den Auftrag ein und bemalte riesige Leinwände. Als die Bilder fertig waren, war nichts als Farbe darauf zu sehen. Keine Personen, keine Pflanzen, keine Tiere, keine Gegenstände. Nur hohe, stille Farbflächen. Rundherum an den Wänden.

Damit lud der Künstler die Besucher der Kapelle ein, etwas von der Anwesenheit Gottes in der Gegenwart zu spüren. Ob ihm das gelungen war?

In der Kapelle lag ein Gästebuch. Dahinein hat jemand geschrieben: *Hier sollten alle Kinder der Welt herkommen, damit man ihnen sagen kann: Das ist es ... Das Gefühl von Stille und Erhabenheit ist außergewöhnlich ... Kein Platz zum Denken – zum Nicht-Denken ... Selten habe ich die Anwesenheit Gottes stärker gespürt.*

Die reinen Farbflächen von Marc Rothko zeigen nicht

die bunte Vielfalt der Welt. Sie erzählen von ganz anderem. Sie erzählen, dass Gott da ist – unabhängig von äußeren Ereignissen. Dass Gott Schutz und Geborgenheit gibt – unabhängig von menschlichem Denken. Dass Gott sich nicht abbilden lässt und als Geheimnis tief im Menschen wirkt.

Marc Rothko hat diese Eintragung nicht gelesen. Er ist vor der Fertigstellung der Kapelle verstorben. Aber er hat dem Auftraggeber einen Brief geschickt. Darin schreibt er: *Die Großartigkeit der Aufgabe, mit der Sie mich betraut haben … lehrt mich, mich weiter darüber hinaus zu bewegen, als ich dachte, dass es für mich möglich wäre. Dafür danke ich Ihnen.*

*

Gott des Lebens

Bis heute bewegen viele Menschen die sensiblen Verse des Dichters Friedrich Hölderlin. 1770 in Lauffen am Neckar geboren, zieht Hölderlin mit 18 Jahren zum Studium nach Tübingen. Dorthin kehrt er Jahre später nach vielen Ortswechseln zurück. Im Alter von 35 Jahren zerbricht der Dichter an der Spannung zwischen seinen hohen Idealen und der schroffen Wirklichkeit. Hölderlin verbringt die zweite Hälfte seines Lebens, 40 Jahre, im Tübinger Turmzimmer am Ufer des Neckars, an Geist und Seele zerrissen. Seine Erfahrungen von Lebensfülle und Lebensmangel werden in seinem Gedicht *Hälfte des Lebens* bildreich sichtbar. Die erste Strophe lautet:

> *Mit gelben Birnen hänget*
> *Und voll mit wilden Rosen*
> *Das Land in den See,*
> *Ihr holden Schwäne,*
> *Und trunken von Küssen*
> *Tunkt ihr das Haupt*
> *Ins heilignüchterne Wasser.*

All diese Zeilen sprechen sinnenhaft von Überfülle und Überfluss: Vollreifes Obst, wildwuchernde Blumen und majestätische Schwäne zeigen das üppige Ineinander von Schönheit und Schöpfung.

Übertragen wir diese Naturbilder auf unser Leben, so stehen sie für positive Zeiten. In solch erfüllten Momenten empfinden wir Menschen keinen Mangel. Das Dasein erscheint uns wohlwollend, und wir bewegen uns darin selbstverständlich und ohne Fragen.

Hölderlin, der prophetische, überwache Dichter, ängstigt sich jedoch gerade in solch glückhaftem Zustand. Hat ihm doch sein eigenes Leben schmerzhaft gezeigt, wie rasch Freud und Leid einander abwechseln können. So schreibt er in der zweiten Hälfte seines Gedichtes:

Weh mir, wo nehm ich, wenn
Es Winter ist, die Blumen, und wo
Den Sonnenschein
Und Schatten der Erde?
Die Mauern stehn
Sprachlos und kalt, im Winde
Klirren die Fahnen.

War der Klang der Sätze in der ersten Strophe wie ein dahinströmender Fluss, so wirkt die Sprache in der zweiten Strophe abgehackt und gehetzt. Der Mensch sieht sich allein zwischen anonymen Mauern. Seine Fragen verhallen ohne Antwort und ohne lebendiges Gegenüber. Lebensglück kann nicht genossen werden aus existenzieller Not vor düsterer Zukunftsperspektive.

Existenzielle Not findet sich auch in vielen Psalmen des Alten Testaments der Bibel. Nicht als ängstliche Zukunftsvision, sondern als nüchterne Fakten. Immer wieder sprechen die Psalmisten von Erfahrungen, in denen sie in Isolation und Krankheit, in Kriegs- und Todesbedrängnis gefangen waren.

Nirgends ein Ort, dass ich fände bei ihm eine
Zuflucht,
niemand, der um mein Leben sich sorgte,
heißt es im 142. Psalm.

Doch die Perspektive der Psalmisten endet nicht wie in Hölderlins Gedicht an sprachlosen Mauern, sondern weitet sich darüber hinaus in die befreiende Gegenwart Gottes. Immer wieder erlebten und erleben Menschen Gott als lebendiges Gegenüber, der ihnen – oft überraschend – Kraft und Hilfe zuteilwerden lässt.

So endet der 142. Psalm:

Führe mich hinaus aus meinem Gefängnis,
und deinem Namen sage ich Dank.
Und es werden sich scharen um mich die Gerechten,
weil du mir Gutes getan.

Der hebräische Name JAHWE besagt, dass Gott für uns Menschen in jeder Situation unseres Lebens da ist. Er möchte uns aus gemauerter Enge ins Weite führen, Dunkelzonen mit uns aushalten und uns Zuflucht schenken. Mit diesen konkreten Zusagen sind wir Menschen nicht Spielbälle einer anonymen Götterwelt, sondern individuelle Geschöpfe Gottes, die in persönliche Beziehung zu ihrem Schöpfer treten können. Der Gott des Alten und Neuen Testaments ist ein Gott des Lebens, der uns schon in unserem irdischen Dasein Ahnung von seiner verschwenderischen Liebe für uns schenken möchte.

Von daher können gerade Augenblicke von überfließender Lebensfülle Ausdruck der Schönheit und Größe Gottes sein, die uns zu Stärkung und Lebensfreude einladen. Dabei leugnet der Glaube an Gott nicht die dunklen Abgründe menschlichen Daseins. Aber er bringt Hoffnung auf ein Gelingen des Lebens trotz und vielleicht gerade wegen vieler Widerstände.

Der Glaube an diesen Schöpfergott lässt uns nicht in Sackgassen unseres Lebens erstarren. Vielmehr können wir darauf vertrauen, dass Gott uns Wege weist, an die wir vielleicht niemals zuvor dachten. JAHWE, der Gott des Lebens, spricht uns immer wieder zu: *Siehe, ich mache alles neu.*

*

Segnen

Segne, Gott, was unsere Augen heute sehen. Segne, Gott, was unsere Ohren heute hören, heißt es in einem Morgenlob. Diese Segensbitten beziehen sich auf den konkreten Alltag. Dabei spielen unsere Sinne eine entscheidende Rolle als Einfallstor für die äußere Wirklichkeit.

Indem der Segen Gottes für all das erbeten wird, was unsere Sinne fassen, kann die Wirklichkeit von uns völlig anders erlebt werden. Dann wird in allem, was wir wahrnehmen, Gottes lebendige Gegenwart spürbar. Diese Segensbitten sind Einladungen an uns, Alltägliches auf seinen zeichenhaften Charakter hin zu deuten. Banales wandelt sich in Kostbarkeit: das Obst im Bastkorb, die leere Mülltonne, der Schrei des Fasans, das Lächeln einer bettelnden Frau.

Das Wort »segnen« entstammt dem lateinischen Ausdruck »signare«. Gemeint ist: cruce signare – mit dem Kreuz bezeichnen. Häufig ist Segnen mit der Geste des Kreuzzeichens verbunden und oft eine Berührungshandlung. Beim Segnen eines Menschen erhält dieser das Kreuzzeichen auf die Stirn. Damit wird der Mensch unter den besonderen Schutz des Gottes Jesu Christi gestellt, der durch den Tod hindurch Leben verspricht.

Wir Menschen können einander den Segen Gottes zusprechen: wenn Kinder sich auf den Schulweg begeben, in Zeiten von Schwangerschaft, Krankheit oder Trauer, an Festtagen, immer dann, wenn uns Menschen oder Situationen besonders am Herzen liegen und wir die tragenden Kräfte des Lebens schützend und heilsam für sie wirken lassen möchten.

Wenn wir segnen, treten wir einen Schritt zurück und lassen Gott all das zu Segnende. Wir geben es an Gott ab, ent-lasten uns. Diese Haltung widerspricht dem Streben in der westlichen Welt, das Leben durch Wissenschaft und Technik im Griff zu haben. In dem Moment, indem wir segnen oder Segen empfangen, verabschieden wir uns von der Überzeugung, dass alles von uns Menschen machbar sei. Wir legen nicht die Hände in den Schoß, aber wir vertrauen auf Gottes Beistand und Begleitung.

Diese Glaubenshaltung ist nicht selbstverständlich, so wie wir nie über die Tiefe unseres Glaubens verfügen können. Glaube bleibt Geheimnis und Geschenk. Sicher war es jedoch in früheren Zeiten leichter, Gott im Alltag zu erfahren, da er darin einbezogen war: Werte und Normen, das Leben in Familie und Beruf, die gesamte Schöpfung wurde unter geistlichen Vorzeichen gedeutet. Von solch geschlossenem Weltbild zeugen zum Beispiel die Volkslieder aus dem 19. Jahrhundert. So heißt es im Lied *Morgenwanderung* von Emanuel Geibel:

Wer recht in Freuden wandern will,
Der geh der Sonn entgegen;
Da ist der Wald so kirchenstill,
Kein Lüftchen mag sich regen;
Noch sind nicht die Lerchen wach,

Nur im hohen Gras der Bach
Singt leis den Morgensegen.

Dieser Text liest sich wie eine Anleitung zum positiven Leben. Es geht darum, sich aus eingefahrenen Lebensmustern zu lösen und auf den Weg zu begeben. Das Ziel ist die Sonne, ein Synonym für Gott.

Immer wieder wurde in vergangenen Jahrhunderten die Natur als Offenbarung des Göttlichen gesehen. Auch in diesem Lied findet der Mensch in ihr Spuren des Schöpfers. Die gesamte Fauna und Flora kündet von Gottes gegenwärtigem Wirken und seinem Segen.

Eine solche Lesart der Schöpfung entspricht einem Weltbild, in dem Menschen ihr Leben eingebettet fühlen in einen großen Sinnzusammenhang. Solch ein geschlossenes Weltbild steht im Gegensatz zum heutigen Erleben in der westlichen Welt: Naturferne und Materialismus setzen Brillen auf, durch die die Natur oft nur in ihrem Gewinn, aber nicht als vielseitiges Lesebuch Gottes gesehen wird. Im Gegenteil: Die allzu naiv scheinende Sichtweise alter Volkslieder gerät in die Nähe von Kitsch und lebensferner Idylle.

Dabei geht es in jenen Texten um eine deutende Leseweise der Wirklichkeit, die dem Segnen des Alltäglichen nahekommt. Wenn wir glauben, dass Gott seine Schöpfung durchdringt, dann ist er in allem und überall darin erfahrbar. Auch heute können wir unsere Blickwinkel verändern und uns auf das Abenteuer einlassen, Gottes Spuren individuell im Alltag zu entdecken.

Segne, Gott, was unsere Augen heute sehen.
Segne, Gott, was unsere Ohren heute hören.

Biografie

Petra Fietzek, geb. 1955, wuchs in Frankfurt a. M., Berlin und Aachen auf. Sie studierte Germanistik, Kunstwissenschaft und Philosophie an der Universität zu Köln und ist seit 1985 als freie Schriftstellerin tätig. Sie veröffentlichte in verschiedenen Verlagen ca. 60 Bücher für Kinder, Jugendliche und Erwachsene, die in zahlreiche Sprachen übersetzt wurden. Ferner arbeitet sie für den Rundfunk, hält Lesungen und leitet Schreibseminare. Ausbildung in »Poesie- und Bibliotherapie« (FPI) und »Analytische Psychologie und Seelsorge«.

Petra Fietzek war verheiratet mit dem Maler und Bildhauer Rainer Fietzek (1941–2009). Gemeinsam haben sie zwei Töchter. Die Autorin lebt in Coesfeld/Münsterland.

Ein CAMINO-Buch aus der
© Verlag Katholisches Bibelwerk GmbH, Stuttgart 2016
Alle Rechte vorbehalten

Umschlaggestaltung: Finken & Bumiller
Umschlagmotiv: © shutterstock.com / Noppharat46
Satz: post scriptum / www.post-scriptum.biz
Herstellung: finidr s.r.o., Český Těšín
Printed in the Czech Republic

www.caminobuch.de

ISBN 978-3-460-50029-7